Inhalt

Marks & Spencer - Verfahren vor dem EuGH

Kernthesen

Beitrag

Fallbeispiele

Weiterführende Literatur

Impressum

GENIOS WirtschaftsWissen Nr. 05/2005 vom 02.05.2005

Marks & Spencer - Verfahren vor dem EuGH

A.Kaindl

Kernthesen

- Die Zeitbombe für die öffentlichen Haushalte der EU-Mitgliedsstaaten tickt. Scharf gemacht hat sie die britische Kaufhauskette Marks & Spencer. Diese wehrt sich vor dem EuGH dagegen, dass sie Verluste ihrer ausländischen Tochterunternehmen nicht gegen Gewinne im Heimatland aufrechnen kann.
- Der Schlussantrag des Generalanwalts im Fall Marks & Spencer stellt klar, dass die Konzernbesteuerungssysteme innerhalb der EU grenzüberschreitend ausgestaltet sein

müssen.
- Der Schlussantrag sollte der Bundesregierung die Dringlichkeit verdeutlichen, dass die deutsche Organschaft an die Anforderungen des gemeinsamen EU-Binnenmarkts angepasst werden muss. Langfristig ist allerdings eine Lösung auf europäischer Ebene notwendig.

Beitrag

Grundlagen der Klage von Marks & Spencer vor dem EuGH

Den Finanzministern in Europa drohen Steuerausfälle in Milliardenhöhe. Der Generalanwalt des Europäischen Gerichtshofs (EuGH) empfahl den Luxemburger Richtern am 7. April 2005, die steuerliche Anrechnung von Verlusten zuzulassen, die Tochtergesellschaften von Konzernen im EU-Ausland erwirtschaftet haben. In rund 90 Prozent aller Fälle folgt der EuGH den Schlussanträgen des Generalanwalts. (2)

In den meisten europäischen Ländern können derzeit nur die Verluste inländischer Konzerntöchter steuerlich geltend gemacht werden. Die EU-Mitgliedsstaaten rechtfertigen ihre in diesem Punkt weitgehend ähnliche Rechtslage damit, dass ein Steuersystem kohärent sein müsse. Es sei widersinnig, die Verluste der Auslandstöchter am Sitz der Konzernmutter zu berücksichtigen, wenn eventuelle Gewinne dann aber nur im Ausland versteuert werden. Befürchtet wird auch ein Verlusteverkehr, wonach die Verluste von Tochtergesellschaften im Konzern immer dorthin verschoben werden, wo die Steuersätze nominal am höchsten sind, weil die Unternehmen so am meisten sparen können. (6)

Im vor dem EuGH verhandelten Fall geht es um den britischen Handelskonzern Marks & Spencer. Dessen Töchter in Belgien, Frankreich und Deutschland hatten in den Jahren 1998 bis 2001 ausschließlich Verluste in Höhe von EUR 145 Millionen geschrieben. Da diese in den Sitzstaaten der Tochtergesellschaften steuerlich nicht berücksichtigt werden konnten, stellte Marks & Spencer einen Antrag auf Verrechnung in Großbritannien. Das britische Finanzamt wies das Ansinnen zurück, da das britische Gesetz den Verlustvortrag auf solche Konzerngesellschaften beschränkt, die in Großbritannien ansässig sind. Ähnlich verhält es sich mit der Besteuerung verbundener Unternehmen in Deutschland (Organschaft). Auch das deutsche Steuerrecht begrenzt die Möglichkeit eines Konzerns,

Verluste mit Gewinnen zu verrechnen, auf inländische Tochtergesellschaften. Marks & Spencer sah in der Nichtgewährung der Verlustverrechnung einen Verstoß gegen die Regeln des europäischen Binnenmarkts und trug das Verfahren nach Luxemburg zum EuGH. (1), (6)

EuGH-Generalanwalt fordert grenzüberschreitende Verlustverrechnung

Generalanwalt Miguel Poiares Maduro befand nun, die britische Regelung schrecke Konzerne ab, Tochtergesellschaften in anderen EU-Staaten zu gründen. Das sei eine Beschränkung der Niederlassungsfreiheit. Entsprechend forderte der Generalanwalt Korrekturen zugunsten der Unternehmen. Ein Verstoß gegen das EU-Recht könne aber vermieden werden, wenn die Verlustverrechnung nur dann versagt wird, wenn nachgewiesen ist, dass die Verluste der in anderen Mitgliedsstaaten ansässigen Tochtergesellschaften in diesen Mitgliedsstaaten keine gleichwertige steuerliche Behandlung erfahren, heißt es im Schlussantrag. Erlaubt der Staat, in dem die Tochterfirma ihren Sitz hat, Verluste auf einen

Dritten oder andere Steuerjahre zu übertragen, dann sei ein Land berechtigt, die grenzüberschreitende Übertragung dieser Verluste abzulehnen. Der Generalanwalt dachte dabei zum einen an die Übertragung der Verluste auf Jahre, in denen die Tochter Gewinne gemacht hat, zum anderen an die Möglichkeit, die Verluste auf andere Unternehmen dieses Landes zu übertragen, zum Beispiel bei einem Verkauf der Tochter. (1), (2), (4), (6)

Der so genannte Verlustvor- und rücktrag, also die Übertragung von Verlusten auf andere Steuerjahre ist prinzipiell in allen Staaten der EU möglich. Deshalb sprechen Steuerexperten von einem relativ gemäßigten Vorschlag zur Verlustverrechnung durch den Generalanwalt. Dieser wurde in Berlin mit einer gewissen Erleichterung aufgenommen. (1), (4)

Um Steuerausfälle abzuwenden, hatte sich die Bundesregierung in das Verfahren vor dem EuGH eingeschaltet. Das Argument der Bundesregierung, die Berücksichtigung von Verlusten im Ausland sei wegen der enormen Haushaltsrisiken unzulässig, wies der Generalanwalt jedoch zu Recht zurück. Die Verringerung von Steuereinnahmen und damit verbundene Haushaltsprobleme des Staates können keine Rechtfertigung für rechtswidriges Verhalten sein. (2), (4), (5)

Rechtsbildende Kraft und rückwirkende Geltung der EuGH-Urteile

Die Karlsruher Verfassungsrichter achten bei ihren Beschlüssen darauf, dass der Regierung in Deutschland Zeit bleibt, um etwa ein grundgesetzwidriges Steuergesetz zu ändern und drohende Einnahmeausfälle zu verhindern. Anders die Kollegen am EuGH, die urteilen oft sogar mit rückwirkender Geltung, was zu kaum beherrschbaren Folgen für die Haushalte der EU-Mitgliedsstatten führt. Dem Antrag der deutschen Bundesregierung im Fall Marks & Spencer, die Bindungswirkung des Urteils auf die Zukunft zu beschränken, wird von Beobachtern keine Erfolgschance eingeräumt. (3), (9), (10)

Urteile wirken nach allgemeinen Rechtsregeln allerdings nur inter partes. Sie entfalten ihre Rechtskraftwirkung nur zwischen den Beteiligten an dem konkreten Rechtsstreit. Das gilt mit Ausnahmen von bestimmten Urteilen des Bundesverfassungsgerichts nicht nur für Urteile deutscher Gerichte, sondern gleichermaßen für Entscheidungen des EuGH. Dessen Urteilen kommt aber wie im Fall Marks & Spencer eine hohe

Präjudizwirkung zu, da allgemein über die Auslegung des Europarechts entschieden wird. Auslegungsurteile entfalten also faktisch eine rechtsbildende Kraft. Auf diese Weise entwickelt sich der Luxemburger Gerichtshof gleichsam zu einem zweiten Steuergesetzgeber, obwohl die Europäische Union keine Zuständigkeit für die direkten Steuern besitzt. Die deutschen Finanzgerichte sind aufgrund der unmittelbaren Geltung des Europarechts gehalten, die vom EuGH vorgegebene Auslegung anzuwenden. (10)

Fallbeispiele

In Koalitionskreisen hieß es, dass je nach Ausgang des Steuerverfahrens Marks & Spencer - könnten auf Bund und Länder in Deutschland Einnahmeausfälle in niedriger zweistelliger Milliardenhöhe zukommen. Nimmt man weitere beim EuGH anhängige Verfahren hinzu, summiert sich das Risiko für den deutschen Fiskus - glaubt man den Ländern - gar auf bis zu EUR 50 Milliarden. (1), (2), (3)

Da auch in Deutschland die Anrechnung von Auslandsverlusten nicht möglich ist, sehen viele

Steuerberater die Möglichkeit für deutsche Unternehmen, in vergleichbaren Fällen Einspruch einzulegen und sich auf das Urteil des Europäischen Gerichtshofs zu berufen. Der Finanzwissenschaftler Clemens Fuest von der Universität Köln hat auf der Basis von Bundesbankstatistiken berechnet, dass allein die Auslandsverluste deutscher Konzerne aus den Jahren 1998 bis 2002 zu Steuerausfällen von EUR 30 Milliarden führen könnten. Die Verluste für 2003 und 2004 kämen noch hinzu. Diese sind statistisch aber noch nicht erfasst. (2)

Die Steuerfachleute warnen vor einem Beharren auf dem Status quo, verbunden mit lediglich reaktiven Anpassungen des deutschen Steuerrechts im Fall einer konkreten Verurteilung wegen Verstoßes gegen den EG-Vertrag. Schon bisher konnte die Abwehrgesetzgebung nicht verhindern, dass Gewinne versickern. Die Finanzverwaltung hatte mit dem Außensteuergesetz und weiteren Rechtsverschärfungen versucht, die freie Gewinnverteilung der Konzerne auf das Inland und das Ausland zu kontrollieren und zu begrenzen. Der Erfolg war offensichtlich begrenzt, wie sich der volkswirtschaftlichen Gesamtrechnung entnehmen lässt. Sie weist für die Körperschaften Gewinne von EUR 207 Milliarden aus. Sie sind um Verlustabzüge (EUR 25 Milliarden) und steuerfreie Ausschüttungen an andere Körperschaften (EUR 51 Milliarden) zu schmälern. Der Rest müsste der Bemessungsgrundlage für die Körperschaftsteuer entsprechen. Versteuert wurden aber rund EUR 50 Milliarden weniger. (7)

Weiterführende Literatur

(1) EuGH-Generalanwalt fordert grenzüberschreitende Verlustverrechnung Fiskus drohen neue Steuerausfälle
aus Die Welt, Jg. 60, 08.04.2005, Nr. 81, S. 12

(2) EU-Staaten drohen hohe Steuerausfälle Konzerne sollen Auslandsverlust mit Gewinn verrechnen dürfen
aus Financial Times Deutschland vom 08.04.2005, Seite 1

(3) Banges Hoffen auf den Generalanwalt
aus Financial Times Deutschland vom 08.04.2005, Seite 13

(4) Unternehmen winkt Verlustverrechnung - Gerichtshof stellt aber keinen Freibrief aus Klausel schränkt Regelung wieder ein - Steuerausfälle voraussichtlich geringer als vom Fiskus befürchtet
aus Börsen-Zeitung, 08.04.2005, Nummer 67, Seite 1

(5) Kluger Spruch aus Luxemburg
aus Süddeutsche Zeitung, 08.04.2005, Ausgabe Deutschland, S. 4

(6) Steuersparen nur als Ausnahme Konzerne sollen Verluste ihrer Auslandstöchter nur selten mit ihren Gewinnen verrechnen dürfen. Salomonische Lösung beim Europäischen Gerichtshof. Katastrophale Steuerausfälle für Bundesfinanzminister Hans Eichel könnten ausbleiben
aus taz, 08.04.2005, S. 11

(7) Die Finanzminister erwarten sorgenvoll den Antrag des Generalanwalts
aus Frankfurter Allgemeine Zeitung, 07.04.2005, Nr. 80, S. 12

(8) Experte fordert Steuerharmonisierung in der EU
aus netzeitung.de vom 07.04.2005

(9) Unabhängigere Finanzstatistik in EU Regierungen wollen Eurostat stärken - Athener Defizitverfahren wird verschärft
aus Börsen-Zeitung, 16.02.2005, Nummer 32, Seite 7

(10) EuGH-Urteile gelten auch rückwirkend
aus Frankfurter Allgemeine Zeitung, 13.04.2005, Nr. 85, S. 25

(11) Eichels Grenzen
aus Frankfurter Allgemeine Zeitung, 08.04.2005, Nr. 81, S. 11

Impressum

Marks & Spencer - Verfahren vor dem EuGH

Bibliografische Information der deutschen Nationalbibliothek

Die Deutsche Nationalbibliothek verzeichnet diese Publikation in der deutschen Nationalbibliografie; detaillierte bibliografische Daten sind im Internet über http://dnb.d-nb.de abrufbar.

ISBN: 978-3-7379-1327-0

© 2015 GBI-Genios Deutsche Wirtschaftsdatenbank GmbH, Freischützstraße 96, 81927 München, www.genios.de

Alle Rechte vorbehalten. Dieses Werk ist einschließlich aller seiner Teile – z.B. Texte, Tabellen und Grafiken - urheberrechtlich geschützt. Jede Verwertung außerhalb der Grenzen des Urheberrechtsgesetzes bedarf der vorherigen Zustimmung des Verlags. Dies gilt insbesondere auch für auszugsweise Nachdrucke, fotomechanische Vervielfältigungen (Fotokopie/Mikroskopie), Übersetzungen, Auswertungen durch Datenbanken oder ähnliche Einrichtungen und die Einspeicherung und Verarbeitung in elektronischen Systemen.